≡ Bundesministerium
Kunst, Kultur,
öffentlicher Dienst und Sport

Der Vermes-Verlag wird im Rahmen der Kunstförderung des
Bundesministeriums für Kunst, Kultur, öffentlichen Dienst und
Sport unterstützt.

Scanne den QR-Code und streame den Song **Hippo Groove**
von Manfred Schweng.

Wir danken der Abteilung für Kunst und Kultur der
NÖ Landesregierung für die Unterstützung.

1. Auflage 2024
© 2024, Vermes-Verlag Ges.m.b.H.
Bahnhofstraße 8, 3430 Tulln an der Donau
Alle Rechte vorbehalten.

Text: Ferdinand Auhser
Lektorat: Sylvia Jakuscheit
Illustrationen: Manuela Wildauer (Charakterdesign und
Konzeption), Tibo Exenberger, Naemi Fürst, Tina Kelam
und Manuela Wildauer (alle Ausführung)
Satz und Reproduktion: Lorenz+Zeller GmbH, Inning a. A.
Druck: Gugler Medien GmbH, Melk/Donau
Gedruckt in Österreich
ISBN 978-3-903300-95-8
www.vermes-verlag.com

Sicher. Kreislauffähig.
Klimafreundlich.
C2C Certified® SILBER by gugler*
drucksinn.at

Ferdinand Auhser

HIPPO

RETTET DEN WALD

Illustrationen von Tibo Exenberger, Naemi Fürst,
Tina Kelam und Manuela Wildauer

VERMES-VERLAG

„Oh Mann, ich habe schon fast vergessen, wie gemütlich es hier im Wald ist",
murmelt Hippo und blickt nach oben in die dichten Baumkronen.
Sheila Giraffe, Zenzi Zebra, Freddo Frosch und Karlo Krokodil nicken. Sie
haben es sich an der alten Eiche unter dem Baumhaus gemütlich gemacht,
eine Picknickdecke ausgebreitet und jede Menge Leckereien in einem Korb in
den Wald getragen.
„Eigentlich könnten wir hier doch wieder einmal ein Konzert spielen", schlägt
Zenzi vor. „Immerhin war das damals ein toller Erfolg!"
Hippo und der Rest der Band sind begeistert, doch plötzlich hören sie eine
helle Stimme über sich, die etwas anderer Meinung ist: „Ähm, ich glaube, das
ist keine so gute Idee …"

Als Hippo seinen Blick kreisen lässt, entdeckt er Elsa, das Eichhörnchen.
„Aber warum denn nicht?", fragt Sheila. „War es denn nicht gut?"
„Doch, gut schon", antwortet Elsa und hüpft mit einem weiten Satz von einem
Ast zu den Freunden hinab. „Aber auch ziemlich laut. Zu laut für die Pflanzen und
Tiere des Waldes. Die haben sich ziemlich gefürchtet."
„Oh, das haben wir nicht gewusst", antwortet Zenzi Zebra schuldbewusst.
„Tja, andererseits", meint Elsa, „wäre ein Konzert im Moment wahrscheinlich das
geringste Problem für den Wald – wenn es ihn überhaupt noch länger gibt …"
„Was?" fragen die Hippies bestürzt. „Warum denn das?"

Elsa erklärt, dass der Wald in Gefahr ist: „Die Menschen wollen viele Bäume fällen und ein Einkaufszentrum mit einem riesigen Parkplatz bauen."

„Aber das kann doch nicht sein", protestiert Zenzi.

„Pssst", flüstert Elsa. Dann legt sie behutsam ihr Ohr an die Baumrinde. Sie nickt ab und zu und murmelt schließlich: „Verstanden. Sie sind gerade da. Los, kommt mit. Ich zeig es euch."

Die Freunde blicken sich ratlos an und folgen Elsa durch den Wald.

„Was war denn das?", fragt Hippo. „Mit wem hast du da eben gesprochen?"

„Na, mit Erik", antwortet Elsa.

„Hä? Wer ist Erik? Und wo war er? Am Baum?", keucht Sheila, während sie dem kleinen Eichhörnchen folgt.

„Ach wo. Erik ist der Baum. Erik, die Eiche", lächelt Elsa.

Die Hippies sind ratlos. Karlo zweifelt: „Bäume können doch nicht sprechen!"

„Oh doch", entgegnet das Eichhörnchen, „besser, als ihr denkt. Alle Bäume, Sträucher und Büsche des Waldes unterhalten sich. Angeblich funktioniert das durch Pilze, die im Boden leben und die Wurzeln der Bäume miteinander verbinden."

„Tatsächlich?", staunt Karlo.

„Ja! Und manche meinen, die Bäume könnten nicht nur miteinander sprechen, sondern auch Nahrung austauschen – wenn einer einmal etwas weniger hat, dann bekommt er etwas. Aber so genau weiß das niemand. Wir Waldtiere nennen das auch Internet der Bäume."

„Das ist ja total irre", meint Freddo.

„Aber warum ist es eigentlich so schlimm, wenn ein paar Bäume gerodet werden und ein Parkplatz entsteht?", fragt Sheila.

„Tja, am besten, ihr fragt die Bäume selbst", antwortet Elsa.

Am gefährlichsten für den Wald
ist es, wenn zu viele Bäume gefällt
werden. Aber auch Trockenheit,
Hitze und Waldbrände zerstören
die Wälder.

Wälder nehmen einen
großen Teil der Landfläche
der Erde ein. Dort leben sehr
viele Tiere und Pflanzen.

Wälder helfen dabei, dass sich das Klima nicht zu sehr erwärmt. Die Bäume wandeln Kohlendioxid in Sauerstoff um und den brauchen wir zum Atmen.

Wälder halten durch die Wurzeln den Boden fest. Sie helfen auch dabei, Wasser zu speichern und es sauber zu halten.

Wälder machen die Luft sauber. Unter Bäumen ist es außerdem immer kühler.

Wälder sind wichtige Erholungsgebiete. Dort können sich die Menschen viel bewegen, wie wandern, joggen oder Rad fahren.

Die Freunde sind fassungslos.
„Den Wald abzuholzen ist ja der komplette Irrsinn!", stöhnt Hippo.
„Das schadet doch uns allen."

Als Hippo und die Hippies zu einer Lichtung kommen, sehen sie ein paar Männer, die um ein Auto herumstehen. Auf der Motorhaube haben sie einen großen Plan ausgebreitet. Einer von ihnen hält einen Hund an der Leine, der gleich ein Auge auf Elsa wirft und zu bellen beginnt. Hippo marschiert auf die Männer zu und stellt sie zur Rede.

„Ihr dürft die Bäume nicht roden!", protestiert er. „Sie sind so wichtig für die Tiere und auch für die Menschen!"

Aber die Männer lachen nur mitleidig.

„Das Einkaufszentrum ist auch wichtig, Kinder", sagt der Mann mit dem Hund, „weil dadurch die Stadt belebt wird und viele Menschen Arbeit bekommen. Wenn ihr erwachsen seid, werdet ihr das schon verstehen."

„Und jetzt macht, dass ihr nach Hause kommt", murmelt ein anderer aus der Runde. „Sieht aus, als ob ein Gewitter im Anmarsch wäre."

Enttäuscht stapfen Hippo und seine Freunde durch den Wald nach Hause.
„Das habe ich mir schon gedacht", schimpft Elsa. „Mit denen kann man nicht sprechen. Sie denken, sie können alle anderen für dumm verkaufen. Dabei merken sie nicht, dass eigentlich sie die Dummen sind."
Es wird langsam dunkel und beginnt zu regnen.
„So eine Gemeinheit!", schimpft Karlo. „Wie kann man nur so egoistisch sein?"
„Aber was sollen wir tun?", fragt Sheila.
„Ich weiß es auch nicht", flüstert Hippo kleinlaut. So ratlos haben ihn die Freunde noch nie gesehen. Als sie den Waldrand erreichen, verabschieden sie sich von Elsa, die schnell in die Baumkronen huscht, um sich vor dem Regen zu schützen. Doch keiner hat bemerkt, dass ihnen jemand gefolgt ist ...

Bella, die kleine Hündin,
wollte so gerne mit Elsa
spielen, dass sie ihrem
Herrchen entwischt ist. Aber
nun steht sie ganz verloren
im dunklen Wald. Sie findet
weder das Eichhörnchen,
noch zurück zu den Männern.
Der Regen hat alle Spuren
verwischt und die Geruchs-
spuren bedeckt. Ringsherum
tauchen Augen in den
Gebüschen auf. Im dunklen
Wald kann es ziemlich
gefährlich werden.

Zu Hause in Großmutters Wohnzimmer beratschlagen
die Hippies mit Mama, Papa und Oma Hippo, was sie
tun können.
„Wir müssen ihre Bagger zerstören", knurrt Karlo.
„Genau", ruft Freddo, springt auf und ballt die Fäuste.
„Das wird nichts bringen", seufzt Papa Hippo.

„Da hast du recht", stimmt Mama Hippo zu. „Mit Gewalt löst man kein Problem."
„Es ist furchtbar schwierig, wenn jemand nur Geld verdienen möchte, wie diese
Männer", seufzt Oma Hippo. „Solche Menschen haben kein Verständnis und
keine Liebe zu Pflanzen und Tieren."
„Außer zu dem kleinen Hund", murmelt Hippo.
Plötzlich klopft es an der Tür.

Als Papa Hippo die Tür öffnet, trauen die Hippies ihren Augen nicht. Es ist der Mann aus dem Wald, der den Hund an der Leine hatte. Doch auf einmal wirkt er ganz anders. Gar nicht mehr so überheblich.

„Der zittert ja", flüstert Sheila.

„Bella ist weg ... mein kleiner Hund ...", stammelt er und zeigt den Freunden ein Bild. „Sie ist verschwunden. Vermutlich hat sie sich in den Wald geschlichen. Habt ihr sie gesehen?"

„Nein", antwortet Hippo und zuckt mit den Schultern.

„Wie soll ich sie denn jemals wiederfinden?", fragt der Mann und hat plötzlich Tränen in den Augen. „Sie ist doch noch ganz klein und der Wald so riesengroß."

Da hat Hippo eine Idee ...

Am nächsten Morgen stehen die Freunde mit dem Mann, Mama, Papa und Oma vor Erik, der Eiche. Elsa ist auch dazugekommen und hat wieder ein Ohr an die Baumrinde gelegt, nickt ab und zu, flüstert etwas, und meint schließlich: „Alles klar, ich glaube, wir haben sie."
Bellas Herrchen versteht nur Bahnhof, blickt kopfschüttelnd auf den Baum und folgt dann der Gruppe durch den Wald.

Nach endlos scheinenden, bangen Minuten fällt ihm schließlich ein großer Stein vom Herzen. Die kleine Hündin sitzt wohlauf unter einem Blätterdach. Die Tiere des Waldes haben sich um sie gekümmert und die Bäume haben sie beschützt.
„Wissen Sie jetzt, wie wichtig der Wald ist?", fragt Oma Hippo den Mann.

„Ja", antwortet dieser kleinlaut. „Und das muss er auch bleiben!"

„Heißt das, es wird kein Einkaufszentrum gebaut?", fragt Hippo aufgeregt.

„Sicher nicht", meint er und drückt den kleinen Hund ganz fest an sich. „Ganz im Gegenteil: Wir müssen allen Menschen sagen, wie wichtig der Wald ist und was wir alle tun können, um ihn zu schützen. Wollt ihr mir dabei helfen?"

„Natürlich!", lachen die Freunde.

„Vielleicht ist es nun doch wieder Zeit für ein Konzert im Wald", lächelt das Eichhörnchen.

Tja, und das lassen sich die Hippies natürlich nicht zweimal sagen …

Das kannst DU tun, um dem Wald zu helfen!

Lass keinen Müll liegen.

Sei sparsam beim Papierverbrauch.

Hilf beim Baumpflanzen.